Bill Hybels

# Anker im Sturm

Gott finden in den Stürmen des Lebens

**Bill Hybels**

# Anker im Sturm

## Gott finden in den Stürmen des Lebens

WILLOW
CREEK
EDITION
Kirche für Distanzierte

**Projektion J**

Titel der Originalausgabe:
*Finding God in the Storms of Life*

© 2002 by Bill Hybels
Published by InterVarsity Press
P.O. Box 1400, Downers Grove, IL 60515-1426, USA

© 2003 der deutschen Ausgabe
by Gerth Medien GmbH, Asslar
3. Auflage 2004

ISBN 3-89490-455-0

Auf der Grundlage der neuen Rechtschreibung.

Übersetzung: Ingo Schütz
Umschlaggestaltung: Hanni Plato
Umschlagfoto: Getty Images
Satz: Nicole Schol, Gerth Medien GmbH
Druck und Verarbeitung: Ebner & Spiegel, Ulm

# Inhalt

# Vorwort

Tief in jedem von uns gibt es so etwas wie das
unbewusste Wissen darum, wie zerbrechlich das
Leben ist. Krankheiten können uns befallen, Unfäl-
le können uns treffen und unvorhersehbare Ereignisse können unsere sorgfältige Lebensplanung
aus der Bahn werfen. Aber wir tun alles, was in
unserer Macht steht, um die Wahrscheinlichkeit
dafür zu minimieren. Und in unserer friedvollen
Wohlstandsgesellschaft reden wir uns oft ein, dass
wir die Kontrolle über unser Leben hätten. Schlim-
mes passiert höchstens anderen Leuten, aber wir
sind uns ziemlich sicher, dass uns schon nichts
zustoßen wird.

Wenn längere Zeit kein Unheil geschieht, fühlen wir uns nicht nur irgendwann unbesiegbar,

wir fangen auch langsam an, das Leben an sich für selbstverständlich zu halten. Wir hören auf, Gott für den Segen zu danken, den er uns jeden Tag gibt – für Sonnenauf- und -untergänge, für die kühle Frühlingsluft und die Farben im Herbst, für unser Leben an sich. Einige von uns hören dann sogar auf, sich um ihre Partner zu kümmern, um ihre Kinder, ihre Eltern, ihre Freunde. In gewisser Weise gewöhnen wir uns zu sehr an das Geschenk, an das Wunder des Lebens.

Und dann kommt ein Tag wie dieser Dienstag. Dienstag, der 11. September 2001. Ich sah wenige Tage später ein Interview mit einem Mann, der an diesem Tag seinen Sohn verloren hatte. Der Vater erklärte dem Reporter: »Ich würde alles dafür geben, wenn mein Sohn nur noch einmal durch diese Tür treten würde.«

Das einfache Statement dieses Mannes erinnerte mich daran, wie wertvoll das Leben ist. Ein paar Stunden später kam mein Sohn durch die Tür in mein Arbeitszimmer. Ich umarmte ihn und sagte: »Ich bin so glücklich, dass du hier bist.«

# Das Geschenk des Lebens

Manchmal müssen wir erst Schmerz und unsere eigene Zerbrochenheit erfahren, um zu verstehen, wie wertvoll das Leben ist. Wenn wir hören, dass Freunde, die wir noch aus der Schulzeit kennen, sich scheiden lassen und die schmerzhafte Erinnerung an ihren wunderbaren Hochzeitstag hochkommt, werden wir daran erinnert, dass wir Gott für unseren treuen Partner danken sollten. Wenn wir erfahren, dass unser Vater oder unsere Mutter sterben wird, stürzen auf uns die Erinnerungen an all das ein, was sie ihr Leben lang für uns getan haben, und wir sind endlich in der Lage, unsere Gefühle für sie zum Ausdruck zu bringen. Und dann gibt es da natürlich auch schmerzhafte Erfahrungen, mit denen wir allein konfrontiert werden – wenn uns unser Chef kündigt, man von einem Freund betrogen wird, man die Diagnose einer unheilbaren Krankheit erhält. Wenn wir der Zerstörung gegenüberstehen, beginnen wir, die Welt mit anderen Augen zu sehen und einen Blick für die einfachen und wirklich wichtigen Dinge zu entwickeln.

Aber wir sind oft nicht in der Lage, eine große Tragödie so schnell zu verarbeiten, wie wir es gerne tun würden. Wie lange würde es beispielsweise dauern, die Trauer um den Verlust einer geliebten Person abzuschließen? Die Suche nach einer vermissten Person zu beenden? Ein zerstörtes Leben neu aufzubauen? Nein, wenn wir einmal eine richtige Tragödie durchlitten haben, dann werden wir infolgedessen auf einer gewissen Ebene anders denken und fühlen. Für immer.

Das Leben dauert nur eine begrenzte Zeitspanne – eine ausgesprochen kurze Zeit, wenn man es mit der Ewigkeit vergleicht. Das Leben ist ein unerhört großzügiges Geschenk aus der Hand eines guten Gottes – ein Geschenk, das von denen, die noch etwas Sand in ihrer Lebensuhr haben, aufrichtig gefeiert werden sollte. In der Bibel steht, dass wir den leidenden Menschen in ihren Sorgen beistehen sollen. Wir sollen dafür beten, dass Gott diejenigen aufmuntert und tröstet, die einen großen Verlust erlitten haben. Aber nachdem wir so gebetet haben, sollten wir auch das Geschenk feiern, das wir immer noch besitzen. Wir sollten unser eigenes Leben und die Menschen, die Teil davon sind, feiern.

Für mich bedeutet dies, dass wir lernen sollten, mit einer neuen Realität umzugehen: dem Leben nach dem Leiden. Aber während des Leidens sind wir in der Regel so davon eingenommen, dass uns andere Fragen im Kopf herumschwirren: Wir lesen Zeitungen, sehen gebannt fern und durchforsten das Internet, um alles über die schrecklichen Ereignisse zu erfahren: Wer, was, wo und wann?

Ein kluger Freund sagte mir einmal, während solcher schrecklichen Erfahrungen sei es unsere Aufgabe, »all diese Informationen in etwas Befreiendes umzuwandeln. Wenn wir aus den schweren Zeiten des Lebens keine Lehren ziehen, dann ist dies die eigentliche Tragödie.« Die Aufgabe, die die größte geistige Anstrengung und geistliche Disziplin erfordert, ist, das Warum zu bedenken, das hinter diesen schweren Zeiten steht.

# Das Problem des Bösen

Großes Unglück erinnert uns daran, dass es das Böse wirklich gibt und dass es ihm ausgesprochen gut geht. Wenn die Zeiten ruhig sind, die Verbrechensrate sinkt und die äußeren Umstände uns keine Sorgen bereiten, dann neigen wir oft dazu zu vergessen, dass in diesem Kosmos ein Kampf ausgetragen wird.

In der Bibel wird uns immer wieder gesagt, dass dieser geistliche Kampf real ist – kein Märchen, keine religiöse Spinnerei, sondern eine greifbare Tatsache. Und der Ausgang dieses Kampfes wird deutliche Auswirkungen auf unsere Gesellschaft haben.

Als mein Sohn, einige Freunde und ich sahen, wie am 11. September Tausende unschuldiger

Menschen zerfetzt und verbrannt wurden, kam mir der Gedanke, dass gerade irgendwo auf der Welt die Urheber dieses Grauens ihren Erfolg feiern könnten: »Wir haben es geschafft!« Bei diesem Gedanken wurde mir richtig übel. Ich erinnere mich, wie ich dachte: *Wenn das wahr ist, wenn tatsächlich gerade jemand dieses Unglück feiert, dann ist er so böse, wie das Böse nur sein kann.*

Aber das Böse zeigt sich nicht nur in dem beschriebenen Anschlag selbst. Menschen in verschiedenen Teilen der Erde tanzten tatsächlich auch auf den Straßen, als sie die Fernsehbilder dieser Katastrophe sahen – und freuten sich über das Blutvergießen an unschuldigen Menschen. Andere unterstützten die Trainingslager für diese Terroristen. Und einige Tankstellenbesitzer in den Vereinigten Staaten verdoppelten, ja verdreifachten die Benzinpreise, um aus dem grausamen Tod ihrer Mitbürger Profit zu ziehen.

Und was ist mit den amerikanischen Bürgern, die unschuldige Amerikaner arabischer Abstammung diskriminierten, die sie, ihre Häuser und ihre Gebetsstätten beschädigten? Was ist mit meinem eigenen Zorn, der nicht nach Gerechtigkeit, sondern nach Rache verlangte? Das Böse ist sehr real, und Gott hat uns die Fähigkeit gegeben, es wahrzunehmen, wenn wir es sehen. In der Bibel kann man sehr klar lesen, dass, wann immer in der Welt etwas schief läuft, der Heilige Geist in uns die starke Sehnsucht nach Gerechtigkeit weckt. Aber was ist es in uns, das in manchen die Sehnsucht weckt, den anderen das Böse, das sie uns zugefügt haben, hundertfach zurückzuzahlen?

Nun ja, das Böse existiert tatsächlich und es geht ihm gut. Und weil das der Fall ist, kommt es darauf an zu lernen, wie wir der Macht des Bösen widerstehen können – wir uns wieder aus seinem Griff herauswinden können. Laut Bibel *kann* das Böse besiegt werden und *hat* Gott die Kraft, das Böse in der Welt und in mir zu unterwerfen. Wenn ich selbst Gefahr laufe, vom Bösen überwältigt zu werden, dann lese ich die Worte des Apostels Paulus: »Lass dich nicht vom Bösen überwinden, sondern überwinde das Böse mit Gutem« (Römer 12,21).

# Jesu Antwort auf das Böse

Über Generationen hinweg hat das Böse in uns den Glauben genährt, dass die Androhung und Durchführung von immer härteren Strafen die Meinungsverschiedenheiten zwischen den Völkern beseitigen könnten. War diese Strategie bei Israelis und Palästinensern erfolgreich? War sie es in Nordirland? Im Sudan? Anstatt die Feindschaft zu beenden, scheint diese Strategie die Konflikte bis an den Punkt zu treiben, an dem das Blut in Strömen fließt.

Manchmal ist das Böse so tief in einer Situation verankert, dass eine sehr drastische Handlung die einzig adäquate Reaktion darauf zu sein scheint. Aber wenn wir weiterhin Böses mit Bösem vergelten, werden sich möglicherweise Millionen von

Menschen von Gewalt „ernähren" und den Hass mit der Muttermilch aufsaugen. Eine Welt, in der das Böse auf diese Weise regiert, ist kein angenehmer Ort zum Leben. Jesus sagte, es sei immer möglich, dass schlimme Dinge geschehen, und dass wir eine Wahl treffen müssen, wenn es passiert: Wir können uns entscheiden, bis zur Eskalation auf immer härter werdende Gegenmaßnahmen zu setzen, oder wir können das Risiko auf uns nehmen, Böses mit Gutem zu vergelten – nicht aufzugeben und sich dem anderen weiterhin friedlich anzunähern (vgl. Matthäus 5).

Für Jesus waren das keine leeren Worte. Er hat sie gelebt. In der Bibel steht, dass Jesus zu Unrecht beschuldigt, dass er entgegen den gesetzlichen Bestimmungen inhaftiert, geschlagen und an ein Kreuz genagelt wurde. Zu jedem Zeitpunkt während dieser Ereignisse hätte er 10 000 Legionen Engel rufen können, um die zu zerstören, die seine Rechte verletzten und seinen Körper quälten. Aber er tat es nicht. Stattdessen sagte er: »Vater, vergib ihnen: Denn sie wissen nicht, was sie tun!« (Lukas 23,34). Und dann ging er freiwillig ans Kreuz und ermöglichte auf diese Weise selbst seinen Henkern die Errettung.

Es gibt in der Welt sehr wenige Menschen wie Jesus, Menschen, die in einer ähnlichen Situation seinem Vorbild folgen würden, und die Welt leidet darunter. Manchmal befinde ich mich auf Grund meines Jobs im Mittelpunkt eines Streits: Die Leute beurteilen meine Worte oder die Aktivitäten unserer Kirche falsch oder geben sie verfälscht wider. Das kann am Arbeitsplatz und in Familien gleichermaßen passieren. Jemand hat sich das Ziel gesetzt, unsere Arbeit schlecht zu machen, oder bedroht unser Wohlbefinden. Ich kenne ein Zitat von Abraham Lincoln, das mir in solchen Situationen immer hilft: »Ich habe gelernt, dass es der einzige und beste Weg ist, mit meinen Feinden umzugehen, wenn ich …«

Raten Sie mal, wie es weitergeht! Er will sie nicht umbringen. Er will sie nicht einschüchtern. Er will sich nicht an ihnen rächen. »Ich habe gelernt, dass es der einzige und beste Weg ist, mit meinen Feinden umzugehen, wenn ich eine Möglichkeit finde, sie zu meinen Freunden zu machen.« Wenn Ihre Feinde erst einmal Ihre Freunde geworden sind, gibt es keine Feinde mehr, um die Sie sich kümmern müssten. Das Problem ist gelöst. Diese kleine, stille Weisheit, die Lincoln nach eigener Aussage von Jesus gelernt hat, war der Beginn des Versöhnungsprozesses am Ende des amerikanischen Bürgerkrieges.

Wenn die Führungspersönlichkeiten und die »ganz normalen« Menschen überall auf der Welt etwas mehr über die Lehren Jesu nachdenken würden, vielleicht – *nur vielleicht* – könnten wir das Böse mit Friedenstaten beantworten anstatt mit ausufernder Bestrafung und Vergeltung.

# Stürmische Zeiten

Aber nicht hinter jedem Unheil steckt ein erkenn-
barer Bösewicht. Manchmal kommt es auch ohne
Vorwarnung scheinbar aus dem Nichts.

Mitte der 80er Jahre überquerte ein großes bri-
tisches Schiff den Atlantik mit 28 Menschen an
Bord. Die meisten von ihnen waren Studenten, die
sich auf einer Exkursion befanden. Soweit man
es später rekonstruieren konnte, wurde das Schiff
scheinbar aus dem Nichts von einem Windstoß
enormen Ausmaßes getroffen. Das Schiff sank,
17 Menschen starben. Man geht als Unglücks-
ursache von einer plötzlich auftretenden heftigen
Bö aus.

Wurden Sie schon einmal völlig unerwartet mit
einem riesigen Haufen von Problemen konfron-

tiert? Es trifft einen wie ein heftiger Windstoß ohne Vorwarnung und aus dem Nichts: ein vernichtender ärztlicher Bericht haut einen um, man entdeckt Lippenstift am Kragen des Ehemanns, die Scheidungspapiere liegen im Briefkasten, die Polizei erkundigt sich nach dem Sohnemann, die Bank behält Ihre Kreditkarte ein. Ich könnte diese Liste beliebig fortführen.

Gott kann aus solchen scheinbar schlimmen Situationen gute Früchte erwachsen lassen und oft genug tut er es auch. Die Menschen rennen durch das Leben und konzentrieren sich auf das, was sie für wichtig halten. Manche von ihnen kommen zum Glauben. Aber seien wir mal ehrlich: Obwohl Gott manchmal aus stürmischen Zeiten Gutes entstehen lässt, starren die meisten vernünftig denkenden Menschen immer noch nächtelang an die Decke und fragen sich: „Warum gibt es diese Zeiten überhaupt? Was ist die Ursache? Warum treffen sie mich und meine Familie? Oder eine noch wichtigere Frage: Warum hat Gott – mal angenommen, er sei wirklich souverän, allmächtig und voller Liebe – nicht eingegriffen und mich beschützt? Warum?"

Können Opfer solcher Tragödien überhaupt

anders, als nach dem Warum zu fragen? Ich glaube nicht. Ich habe selbst danach gefragt, als ich von Unheil wie von einer heftigen Bö getroffen wurde. Und das geht natürlich nicht nur mir so. Während einer Gedenkfeier in der *National Cathedral* war Billy Graham sehr offen und ehrlich und gestand ein, dass er das Rätsel dieser unerwartet auftretenden Stürme niemals gelöst habe, »nicht einmal zu meiner eigenen Zufriedenheit«.

Aber es ist trotzdem sinnvoll, sich intellektuell und geistlich mit der Frage nach den stürmischen Zeiten des Lebens auseinander zu setzen, selbst wenn wir, wie Billy Graham, nicht zu einer abschließenden Antwort kommen. Es ist eine Frage, mit der sich die Menschheit seit Anbeginn der Zeiten herumschlägt, und wir können von dieser Suche etwas lernen, selbst wenn uns die Antwort letztlich verborgen bleibt.

# Gott und das Leid

Am Anfang ging Gott ein unwägbares und unvorstellbar großes Risiko ein – er gab den Menschen einen freien Willen, das heißt, die Fähigkeit, selbstständig Entscheidungen zu treffen. Gott wusste, dass es riskant war, den Menschen die Entscheidungsfreiheit zu geben. Das ist, als würde man einem 15-jährigen Teenager die Schlüssel zu einem Ferrari geben. Es können ziemlich leicht eine ganze Menge unangenehmer Dinge passieren.

Aber Fäden an die Arme und Beine (und somit auch an den Willen) seiner herrlichen Geschöpfe zu binden, sie zu Marionetten zu degradieren, damit sie auf seine Bewegungen reagieren, wie es sich gehört, aber ohne Leidenschaft, ohne Gefühl – das hätte bedeutet, Wesen zu erschaffen, die sich ihrer bewusst sind, ohne Selbstbewusstsein zu besitzen. Gott entschied sich dafür, das Risiko einzugehen und uns einen freien Willen zu geben, und seitdem haben die Menschen eine bewegte Geschichte durchlebt, mit einigen bestenfalls unangenehmen Erfahrungen im Bezug auf die Konsequenzen ihrer Entscheidungen. Wir alle haben dank unseres freien Willens schon einmal großen Mist gebaut.

Ich erinnere mich an eine Stunde im Religionsunterricht zu einer Zeit, als ich selbst noch zur Schule ging. Ein frustrierter Schüler aus der hintersten Reihe rief: »Warum setzt Gott all den schlechten Taten, die in dieser Welt begangen werden, nicht einfach ein Ende?«

Der Lehrer lächelte und sagte: »Das könnte er ganz sicher tun. Er hat die Macht dazu. Aber in dem Moment, in dem er deine Faust davon abhält, mir ins Gesicht zu schlagen, ist das Experiment Menschheit vorüber – hört das Menschsein an sich auf. Wenn Gott einschreitet und böse Taten unterbindet, wann immer sie sich zu ereignen drohen, werden wir alle zu göttlichen Automaten. Dann haben wir kein Selbst mehr. Dann verlieren wir unsere Fähigkeit, zu denken und zu handeln.

Sogar die Liebe verliert ihre Bedeutung, ebenso wie Mut, Ehrlichkeit, Loyalität und Standhaftigkeit, weil sie keine Wahl mehr beinhalten. Es gibt keinen Willen mehr.«

Man kann eben nicht beides haben. Wir können Marionetten sein und in einer Welt ohne Schmerz leben, oder wir können selbst Entscheidungen fällen und in einer Welt leben, in der unsere falschen Entscheidungen immer wieder Menschen in unserer Umgebung verletzen und auch Gott im Herzen wehtun. Entweder so oder so.

# Wir selbst als Verursacher stürmischer Zeiten

Es gibt eine Übung, die mir hilft, mit Leid umzugehen, und die ich immer dann durchführe, wenn ich von einer heftigen Bö getroffen werde, wie es zeit meines Lebens immer wieder passiert ist und wahrscheinlich auch in Zukunft geschehen wird. Wenn ich von einem Problem gelähmt werde, dann schreie ich: »Gott, warum? Warum lässt du das zu? Warum beschützt du mich nicht besser?« Wenn ich dann darüber nachdenke, was für ein Ärger auf mich zukommt, dann merke ich manchmal, dass ich selbst die Schuld für einen gewissen Teil des Unheil in meinem Leben trage. Nicht Gott – ich.

Eines Montagmorgens besuchte ich einen Freund im Gefängnis, der bereits seit etwa drei

Monaten dort einsaß. Weil er weiß, dass ich Pastor bin, fragte er mich: »Oh Bill, warum ausgerechnet ich? Ich kann doch von hier aus meine Familie nicht ernähren. Wie kann Gott zulassen, dass mir so etwas passiert?« Ich ließ ihn eine Weile reden, und dann stellte ich ihm ein paar Fragen, von denen ich annehme, dass er sie nicht gerne gehört hat.

»Nur aus reiner Neugierde: Wusstest du eigentlich vorher, dass das, was du getan hast, gegen das Gesetz verstößt?«

»Ähm, ja.«

»War es das erste Mal, dass du mit dem Gesetz in Konflikt geraten bist?«

»Nein.«

»Bist du bisher immer davongekommen?«

»Ja.«

»Aber trotzdem hast du es wieder getan?«

»Hm, ja.«

Hmmm.

Ich hatte einen Verwandten, der seit seinem 12. Lebensjahr etwa drei Päckchen Zigaretten am Tag rauchte. Als er Anfang 40 war, erkrankte er an Lungenkrebs und begann, langsam und furchtbar schmerzhaft zu sterben. Ich besuchte ihn im

Krankenhaus. Seine ersten Worte waren: »Wie kann Gott mir das antun?«

Ein Aktienhändler setzt alles auf hochriskante Dot-Com-Aktien, bis der Markt einbricht. »Wie kann Gott mich finanziell so ruinieren?«

Ein Mann begeht mehrfach Ehebruch und bricht das Herz seiner Frau, bis sie schließlich ihre Kinder nimmt und ihn verlässt. »Wie kann Gott zulassen, dass meine Familie kaputtgeht?«

Wir sollten an dieser Stelle nicht unbedingt Gott die Schuld in die Schuhe schieben, okay? Hier geht es nicht um Gott. Hier geht es um Sie. Hier geht es um mich.

In Jeremia 17, Vers 9 steht eine tiefe Wahrheit: »Es ist das Herz ein trotzig und verzagt Ding; wer kann es ergründen?« Wir sind ziemlich geschickt darin, uns selbst zu täuschen. Wir sehen Unheil am Horizont auftauchen und fragen automatisch: »Gott, warum? Was soll das?«

# Unmenschliche Menschheit

Manchmal werden unsere Probleme aber auch vom falschen Verhalten anderer verursacht.

Als mir diese Wahrheit zum ersten Mal aufging, war ich etwa acht Jahre alt und gerade auf einer christlichen Sommerfreizeit. Mein Vater hatte mich für zwei Wochen in ein Zeltlager geschickt und mir fünf Dollar als Taschengeld für die ganzen zwei Wochen mitgegeben. Ich war noch keine drei Tage in dem Zeltlager, da brach jemand meinen Koffer auf und stahl mein Geld. Ich rief zu Hause an und erzählte meinem Vater die ganze Geschichte. Nachdem er mir eine Weile zugehört hatte, sagte er: »Billy, es gibt schlechte Menschen in dieser Welt. Es wird nicht das letzte Mal sein, dass dir jemand etwas stiehlt oder du irgendwie enttäuscht wirst. So ist die Welt, in der du lebst, nun einmal. Gewöhn dich dran!«

Er war ja so einfühlsam.

Aber ich begriff langsam, was es bedeutet, mit menschlichen Wesen auf einem Planeten zu leben, denen Gott auch einen freien Willen gegeben hat, die diesen aber zu ihrem eigenen Vorteil missbrauchen. Sie können mein Leben zu einer stürmischen Angelegenheit machen.

Unsere Gemeinde hat eine Vereinbarung mit einem ortsansässigen Autohändler, die es mir letztlich ermöglicht, Vorführwagen zu fahren, die ich mir sonst nie leisten könnte. Eines Tages bemerkte ich nach dem Mittagessen, dass ein paar »Sünder« einen Kratzer in den Lack auf der einen Seite meines wunderschönen Leihwagens gemacht hatten! Sie hatten keine Telefonnummer hinterlassen, kein Bündel Geldscheine, auch nicht ihren ältesten Sohn. Sie waren einfach abgehauen.

Menschen tun solche Dinge eben. Schlechtigkeit ist nicht gerade selten.

Wir alle stehen in der Gefahr, durch die Schlechtigkeit und Unmoral eines jeden einzelnen menschlichen Wesens verletzt zu werden. Ein Mann mittleren Alters kann in der einen Ecke der Welt einen Befehl geben, der eine Welle der Gewalt und der Zerstörung auf der anderen Seite zur Folge hat. Das macht die Arbeit der Kirchen wichtiger als je zuvor. Wenn die Kirchen die verändernde Liebe Jesu Christi in die Gesellschaft hineintragen, werden immer mehr Menschen anfangen, ihr Leben im Einklang mit den Lehren und dem Vorbild Jesu zu leben.

Was wäre, wenn in ein paar Jahren eine Milliarde Menschen mehr eine erlösende Beziehung zu Jesus Christus führen würden? Was, wenn sie Liebe statt Hass wählen würden, Frieden statt Gewalt, zu dienen ohne zu kontrollieren, mehr Geld geben als nehmen, Aufrichtigkeit dem Bösen vorziehen würden und andere freundlich empfangen, anstatt sie abzulehnen? Dieser Planet wäre ein toller Ort, um darauf ein bisschen herumzuhängen.

Das ist der Grund, warum Jesus uns gelehrt hat zu beten, dass der Wille Gottes geschehen möge, wie im Himmel, so auch auf Erden (Matthäus 6,10). Wenn Bösartigkeit um sich greift, ist einer der wenigen Wege, ihre Auswirkungen zu schwächen, der, die Menschen zu einer Beziehung zu Gott einzuladen.

# Höhere Gewalt?

Manchmal bin ich für die Probleme selbst verant-
wortlich. Manchmal werden sie von anderen
schlechten Menschen verursacht. Aber manchmal
scheint Gott selbst hinter dem Übel zu stecken.
Versicherungskonzerne haben dafür einen eigenen
Ausdruck: »höhere Gewalt« (im Amerikanischen
noch treffender: *acts of God*).

Die Bibel macht jedoch deutlich, dass Natur-
katastrophen nicht Gottes Absicht für diese Welt
entsprechen. Eine der Konsequenzen der Sünde,
die Adam und Eva begangen haben, ist, dass das
Böse Zugang zu der Ordnung dieser Welt hat. Der
gesamte Kosmos ist in gewisser Weise von den
Auswirkungen des Bösen infiziert.

Die meisten Theologen sind der Ansicht, dass

Gott die Welt erschaffen habe, damit sie nach bestimmten physikalischen Gesetzen funktioniert – Schwerkraft, Trägheit, Reibung und so weiter. Gott habe innerhalb dieser einfachen Gesetze eine große Freiheit gewährt. Wenn jemand fragt: »Warum hat es ausgerechnet an meinem Hochzeitstag geregnet?«, dann lautet die korrekte Antwort möglicherweise: »Ein Tiefdruckgebiet vereinigte sich mit einer Warmluftfront vom Golf von Mexiko, sodass die Wolken mit Feuchtigkeit übersättigt waren.«

»Warum hat Gott diese Eisfläche auf dem Bürgersteig geschaffen, auf der ich ausgerutscht bin?« Vielleicht liegt es daran, dass die Schwerkraft, weil sie nun einmal so funktioniert, wie sie eben funktioniert, eine kleine Menge Wasser dazu veranlasst hat, sich auf diesem Stückchen Bürgersteig zu sammeln, bevor eine Kaltwetterfront über das Land zog. Beschweren Sie sich nicht bei Gott, dass Sie hingefallen sind. Beschweren Sie sich bei Ihrem Bürgermeister, dass auf dem Weg nicht gestreut wurde.

Es gibt einen großen Spielraum innerhalb der Naturgesetze, in dem sich Ereignisse einfach entfalten können. Hat Gott einen Plan für jede Wolke, die während eines warmen Sommertages am Himmel erscheint? Gibt Gott den Weg eines jeden Blattes vor, das im Herbst zu Boden fällt? Ich glaube nicht. Er schuf die Erde und machte die Naturgesetze, und damit diese Naturgesetze funktionieren – damit die Natur an sich funktioniert –, können Wolken und Blätter von Zeit zu Zeit Dinge tun, die unsere Pläne durchkreuzen.

# Das Böse und
# der Teufel

Wir können nicht über menschliche Tragödien und Schicksalsschläge sprechen, ohne dabei auf die Rolle des Bösen schlechthin, des Teufels, einzugehen. Viele Leute widersprechen meiner Ansicht über die Funktionsweise dieser Welt, und ich bin oft genug für die Vorstellung ausgelacht worden, dass es tatsächlich ein Wesen gibt, das durch und durch böse ist. Aber in der Bibel steht ganz unmissverständlich, dass der Teufel eine Reihe von hinterlistigen Plänen ausheckt mit dem erklärten Ziel, Körper, Geist und Seele der Menschen zu zerstören.

In der Bibel wird uns geraten: »Seid nüchtern und wacht; denn euer Widersacher, der Teufel, geht umher wie ein brüllender Löwe und sucht, wen er verschlinge« (1. Petrus 5,8). Wenn es die Aufgabe Jesu Christi ist, die Sünden der Menschen zu vergeben, dann ist die Aufgabe des Teufels die folgende: Er versucht, die Menschen dazu zu bringen, sich den Geboten Gottes zu widersetzen. Jesus hat meiner Ansicht nach darüber gesprochen, als er sagte: »Ein Dieb kommt nur, um zu stehlen. Ich bin gekommen, damit sie das Leben und volle Genüge haben sollen« (Johannes 10,10). Aber wen die biblischen Hinweise auf den Teufel noch nicht überzeugen, der kann einen erfahrenen Polizisten fragen, ob er an das Böse glaubt. Oder er kann einen professionellen Seelsorger über seine Patienten befragen, deren Psyche von einem gewalttätigen Vater oder einer Mutter, einem bösen Partner oder Kollegen zerrüttet wurde.

Es ist noch nicht lange her, da unterhielt ich mich mit einer Frau, deren Verhalten mir zeigte, dass sie überfordert war und große Sorgen hatte, sodass es mir nicht verkneifen konnte zu fragen: »Was ist in Ihrem Leben schief gelaufen?« Und so erzählte sie mir ihre Geschichte.

Immer, wenn sie ihrem Ehemann nicht das Essen servierte, das er gerne haben wollte, nicht den Service bot, den er verlangte, oder den Sex,

den er wollte, legte er seine Pistole auf den Küchen-
tisch und drehte sie ein paar Mal viel sagend
herum – und das in der Anwesenheit ihrer Kinder.
Die Aussage war eindeutig: »Du solltest mir besser
das geben, was ich will.« Was treibt einen ansons-
ten freundlichen, gebildeten Mann im besten Alter
dazu, so etwas zu tun?

Was treibt einen Erwachsenen dazu, Drogen an
Kinder zu verkaufen? Was veranlasst einen Mann,
eine Seite mit Kinderpornografie ins Internet zu
stellen? Was treibt einen Terroristen dazu, Tausende unschuldiger Menschen abzuschlachten und
dies einen „heiligen Krieg" zu nennen?

Manche Schicksalsschläge sind nichts weiter
als die sorgfältig geplanten Attacken des Teufels,
die erdacht wurden, um unseren Glauben, unsere Ehen, unsere Familien, unsere Kirchen, unsere
Gemeinschaft zu zerrütten. Wir sollten diese
Tatsache akzeptieren, um uns dagegen zu verteidi-
gen, und das können wir auch – mit Gottes Hilfe.

# Umgang mit Unheil

Wenn mich ein schwerer Schicksalsschlag trifft,
besinne ich mich auf einige fundamentale Wahrheiten, bevor ich in Panik ausbreche. Die erste ist
die *Tatsache*, dass Gott *niemals* der Urheber des
Bösen ist. Wenn ich das jedoch nicht klar vor
Augen habe, bin ich so gut wie verloren. Seltsa-
merweise erlaubt Gott einer gewissen Menge an
Bösem, in die Welt zu gelangen, und ein Teil
davon trifft eben mich. Ich weiß nicht, wieso.
Das werden wir erst dann herausfinden, wenn wir
in der Ewigkeit bei ihm sind. Aber wie es auch
immer sein mag, Gott ist *niemals* der Urheber des
Bösen.

Die nächste Wahrheit steht in Jesaja 43: Wir
schreiten durch Wassermassen, aber sie werden

nicht über uns zusammenbrechen; wir gehen durchs Feuer, aber die Flammen werden uns nicht verzehren. Es gibt viele solcher Texte in der Bibel, aber im Grunde geht es immer um eines (und daran klammere mich, so fest es nur geht): Gott setzt der Menge und der Härte des Bösen klare Grenzen. Es ist immer nur so viel, wie ich verkraften kann.

Wenn Menschen zu mir kommen und mich um Rat fragen, wenn sie versuchen, eine Menge guter Gründe dafür zu finden, warum sie vor allem davonlaufen und sagen: »Ich kann das nicht! Ich halte das nicht aus!«, dann lege ich manchmal meinen Arm um ihre Schultern und erwidere: »Mit etwas Hilfe von oben kannst du es.«

In seinem 2. Brief an die Gemeinde in Korinth, Kapitel 12, erzählt der Apostel Paulus, wie er einmal von einem harten Schicksalsschlag getroffen wurde. Er war unsicher und voller Zweifel, aber der Heilige Geist kam mit seiner Macht zu ihm: »Meine Gnade ist stark genug, um dich durch diese stürmischen Zeiten zu tragen. Daran brauchst du niemals zu zweifeln. Halte mich nicht für schwächer, als ich bin.«

Wenn ich diese beiden Wahrheiten erst einmal verinnerlicht habe, wende ich mich der Verheißung in Psalm 34, Vers 19 zu: »Der Herr ist nahe denen, die zerbrochenen Herzens sind, und hilft denen, die ein zerschlagenes Gemüt haben.« Es ist hart, sich mit diesem Vers auseinander zu setzen, besonders für diejenigen, die noch auf der Suche nach Gott sind. Aber wir sollten uns darüber klar werden, welches die Momente sind, in denen wir Gott am nächsten kommen. In welchen Momenten können wir seine Gegenwart überdeutlich spüren? Sodass, wenn jemand in einem dieser Momente eine Pistole auf uns richten und sagen würde: »Verleugne deinen Glauben oder ich schieße«, wir ruhig antworten würden: »Drück ab. Ich kann nicht lügen. Gott ist hier bei mir.«

Ich habe mich Gott in den Momenten am nächsten gefühlt, als der Schmerz so groß wurde, dass ich dachte, ich würde es keinen Tag länger aushalten. In diesen Momenten fühlte ich, wie Gott in mein Leben trat. »Es wird alles gut. Ich bin hier, bei dir, mit einer Liebe, die dich nicht alleine lässt.« In den stürmischsten Zeiten fühlt man sich Gott am nächsten. Wenn man zur Ruhe kommt und sich seiner Gegenwart und Macht öffnet, dann erinnert uns Psalm 23 daran, dass selbst wenn wir durch das finsterste Tal des Todes gehen, merken werden, dass Gott bei uns ist.

Es gibt noch eine letzte Sache, die ich tue, wenn das Schicksal mich mit voller Breitseite trifft – und dies ist das Härteste: Ich denke darüber nach, dass Gott aus dem Schmerz und dem Leid, die ich erdulde, vielleicht auch Sinnhaftigkeit und Segen entstehen lässt (Römer 8,28). Wenn man sich mitten in einer Katastrophe befindet, wie leicht fällt es dann, auf diesen Vers zu vertrauen? Alles, was man wahrnimmt, ist die Verletzung. Aber wenn man es schafft, sein Vertrauen auf diesen Vers zu setzen, dann wird man den Heiligen Geist leise sagen hören: »In alledem liegt ein tiefer Sinn. Es ist nicht alles verloren. Gott hat einen guten Plan, und er ist längst dabei, ihn durchzusetzen.«

Unsere Kirche – die Gemeinde, die ich leite, seit ich erwachsen bin – dient den Menschen schon seit über zwei Jahrzehnten. Wenn ich über das Gelände fahre, das die Gemeinde umgibt, dann sehe ich lachende Menschen, wunderschöne Landschaften und tolle, große Gebäude. Aber nur wenige von uns in der Gemeinde erinnern sich noch daran, dass wir eine harte Zeit durch-

machen mussten, bis es uns möglich war, dieses
Land zu erwerben.

Wir hatten uns über mehrere Jahre hinweg in
einem Kino getroffen, und schließlich beschlossen
wir, ein Stück Land zu kaufen. Wir legten alles
zusammen, was wir besaßen, aber schließlich hatten wir immer noch 200 000 Dollar zu wenig. Ich
war zu dieser Zeit Mitte 20 und ich wurde von diesem Gegenwind eiskalt erwischt. Ich wollte nicht
einfach nur aus allem aussteigen, ich wollte sterben. Ich konnte mir nicht vorstellen, auch nur
einen Tag länger in diesem dunklen, muffigen
Kino zu bleiben. Ich war am Boden zerstört.

Dann fanden wir heraus, dass das Land, das
wir hatten kaufen wollen, gerade zum Natur-
schutzgebiet erklärt worden war. Das heißt, dass
wir das Land, wenn wir es denn gekauft hätten,
wieder hätten aufgeben müssen. Damit wären
unsere Finanzen über Monate, wenn nicht sogar
Jahre hinweg erschöpft gewesen.

Unmittelbar auf diese Nachricht folgte eine wei-
tere: Ein Arzt, der ein anderes Stück Land besaß,
wollte es nicht nur verkaufen, er wollte es auch für
genau den Betrag loswerden (und dazu auch noch
unter dem eigentlichen Wert), den wir bereits

gesammelt hatten. Wir mussten alle beschämt zugeben, dass Gott aus einer frustrierenden Situation etwas Herrliches gemacht hatte.

# Gott durch stürmische Zeiten folgen

Schicksalsschläge bringen notwendigerweise auch Verlust und Niederlagen mit sich. Es gibt ein geistliches Prinzip, das westliche Christen oftmals genauso wenig akzeptieren können wie Verlust und Niederlagen. Einige Gelehrte sprechen vom „Prinzip des umgekehrten Königreiches"; ich nenne es: „Manchmal durch verlieren gewinnen". Es geht darum, wie Gott etwas Gutes aus etwas Schlechtem machen kann. Mitten in der schlimmsten Katastrophe tritt Gott auf den Plan und handelt von uns unbemerkt im Hintergrund.

Die 80er Jahre werden von einigen als das „Jahrzehnt der Gier" bezeichnet. Ich sah eine Menge meiner Zeitgenossen eine Menge gewinnen – sie gewannen in ihrem Job, sie gewannen an

Bildung, sie gewannen viel Geld. Ich fragte mich immer, welche Auswirkungen diese äußerlichen Siege auf das Innere der Menschen haben würden. Vielleicht verloren sie dadurch ihre Fähigkeit, eine liebevolle und enge Beziehung zu Gott, ihren Familien und ihren Freunden zu führen. Vielleicht verloren sie dabei auch Mut und Charakter. Die Worte Jesu verfolgten mich in dieser Zeit: »Denn was hülfe es dem Menschen, wenn er die ganze Welt gewönne, und nähme doch an seiner Seele Schaden?« (Markus 8,36).

1987 besuchte ich an zwei aufeinander folgenden Sonntagen zwei unterschiedliche Kirchen. Die erste Gemeinde wurde von einem erfolgreichen Buchautor geleitet, der auch aus Funk und Fernsehen bekannt ist. Als ich in seiner Kirche saß, hörte ich weit mehr über Erfolg als über Spiritualität. Und anstatt füreinander zu beten und die Gemeinschaft miteinander zu genießen, tauschten die Leute Visitenkarten aus und liefen geschäftig umher. Ich sah mehr Erfolgsstreben als liebevolles Miteinander. Ich beobachtete mehr Versuche, sich gegenseitig zu imponieren, als sich in Bescheidenheit und echtem Dienen zu üben. Ich verließ diese Gemeinde und fühlte mich des-

illusioniert und isoliert – und ausgesprochen enttäuscht.

Der Pastor der zweiten Gemeinde machte seinen Job nicht gut – so sagte er es zumindest selbst.
Tatsächlich war seine Predigt an diesem Tag ein
ungeordnetes Überschäumen seiner ihn quälen-
den Sorgen. Die Blutkrankheit seines 16-jährigen
Sohnes wurde immer schlimmer; sein begrenztes
Einkommen war vollkommen aufgebraucht und
die Angst vor der Zukunft hielt ihn nachts wach.
Um dem allem die Krone aufzusetzen, war sein
jüngerer Sohn so enttäuscht von der offensichtli-
chen Abwesenheit Gottes in der Krankheit seines
Bruders, dass er nichts mehr mit dem christlichen
Glauben zu tun haben wollte. An diesem Sonntag
konnte der Pastor den Leuten nicht *nicht* von seinem eigenen zerbrochenen Herzen erzählen. Es
war ihm unendlich peinlich und er sagte immer
wieder: »Es tut mir so Leid, dass ich nicht stärker
bin.«

Aber mir wurde plötzlich klar, wie eindeutig
Gott hier sein übernatürliches Werk vollbrachte.
Tränen des Verstehens und des Mitgefühls liefen
den Menschen über die Wangen. Sobald der
Gottesdienst zu Ende war, umringten sie den am

Boden zerstörten Pastor. Sie hielten ihn, umarmten ihn, beteten für ihn. Manche stellten ihm spontan Schecks aus. Und bevor die Besucher an diesem Tag gingen, sangen sie mit einer solchen Aufrichtigkeit und Klarheit ein Loblied, dass ich vermutete, Engel sängen mit ihnen.

Es war einer der intensivsten Tage, die ich je in einer Kirche erlebt habe. Ich fuhr nach Hause und dachte: *Letzte Woche waren lauter Gewinner da und ich war enttäuscht. Diese Woche ist da ein Typ, der von einem unglaublichen Verlust erzählt, und gleichzeitig ist da diese merkwürdige, wundervolle Spiritualität, nach der sich mein Herz gesehnt hat. Was geht hier vor sich?*

Ein paar Tage später saß ich in einem Restaurant und schrieb folgende Zeilen: »Ich bin davon überzeugt, dass Wohlstand mehr Seelen vergiftet, als es ein Notstand jemals könnte.«

Seit dieser Zeit bin ich Gewinnsträhnen gegenüber argwöhnisch, und ich bin geistlich wachsamer, wenn die Dinge gut laufen.

Die Wellen der Hilfsbereitschaft kommen nicht nach einer bewegenden Ansprache des Präsidenten, einer Goldmedaille bei den Olympischen Spielen oder einem anderen bedeutenden Sieg. Sie kommen in der Regel im Gefolge einer furchtbaren Niederlage – einem tragischen Verlust. Dann zeigt sich Gott in Höchstform – wenn er im Angesicht eines schrecklichen Unheils unermüdlich am Werk ist. Unser Gott, der in jeder Situation, zu jeder Zeit seine Hand nach uns ausstreckt, arbeitet im Hintergrund, um aus dem Trümmerhaufen doch noch etwas Gutes zu erschaffen.

An einem normalen Wochenende in guten Zeiten trifft mehr als die Hälfte der Bevölkerung der Vereinigten Staaten die Entscheidung, nicht in die Kirche zu gehen – ihren Glauben an Gott nicht in Worte zu fassen, nicht ihre Sünden zu bekennen, nicht ihre Seelen zu stärken. Aber vor dem Hintergrund einer nationalen Katastrophe steigen die Besucherzahlen. Niemand zwingt sie, in die Kirche zu gehen; sie kommen von alleine. Warum kommen sie? Während solcher Tragödien erinnert Gott uns Menschen daran, dass wir seine Weisheit brauchen, seine Liebe, seine Stärke. Kein Sieg kann das bewirken, nur eine Niederlage.

# Der Anker unserer Seelen

Große Tragödien lehren uns aufs Neue, dass das Leben beschützt und gefeiert werden muss. Diese Tragödien rufen uns ins Gedächtnis, dass das Böse tatsächlich existiert und wohlauf ist und dass wir Stärke und göttliche Weisheit brauchen, um es zu besiegen. Diese Tragödien bestärken die Wahrheit, dass Mut und Leidenschaft bedeutender sind als Selbstgefälligkeit und Abschottung, dass Einheit wichtiger ist als Engstirnigkeit. Diese Tragödien erinnern uns daran, wie wichtig ein tiefer und fester Glauben an Gott ist, dem einzigen Anker, der uns in stürmischen Zeiten sicheren Halt geben kann. Allein Gott – der Gott, der Erlösung und Heil unermüdlich immer wieder neu anbietet – kann das unendlich dauerhaft leisten.

Wenn also Probleme auf Sie zukommen, dann atmen Sie tief durch und sagen Sie:

*Gott, wirke du in meinem Leben in diesen dunklen Tagen.*
*Sprich zu mir, Gott. Ich will auf dich hören.*
*Lehre mich, Gott. Ich will von dir lernen.*
*Weise mich an, Gott. Ich will deinem Rat folgen.*
*Sag mir, was ich tun soll, und ich werde es tun.*

Mit Gottes Hilfe können wir versuchen, inmitten des Unheils die Situation in einem anderen Licht zu sehen und sie am Ende mit Gewinn hinter uns zu lassen.

# Wie kann ein liebender Gott Leid zulassen?

„Gott will entweder das Übel abschaffen, aber er kann es nicht – dann ist er ohnmächtig und nicht Gott, oder er kann es und will es nicht – dann ist er böse, im Grunde ist er dann ein Teufel, oder er will es weder, noch kann er es – was auf beide Folgerungen zugleich hinausläuft, oder er will und kann es – woher dann das Böse?"

Epikur, Philosoph

Lee Strobel
**Warum?**
Taschenbuch, 80 Seiten
Bestell-Nr. 657 417

# Ein Journalist hinterfragt das Christentum

Auf der Suche nach Fakten konfrontiert Lee Strobel angesehene Experten mit den 8 häufigsten Argumenten gegen den Glauben. Ein spannendes Kreuzverhör beginnt!

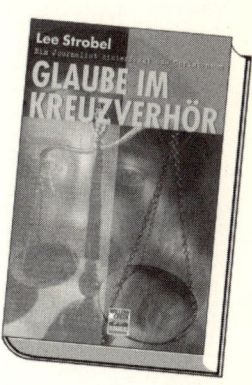

Mit viel journalistischem Spürsinn und ohne schnelle Antworten zu geben, beschäftigt sich Lee Strobel mit Fragen wie: „Wozu brauchen wir Gott, wenn doch die Wissenschaft alles erklären kann?"
Ein Buch, das hilft, damit Glauben zur Herzenssache wird.

Lee Strobel
**Glaube im Kreuzverhör**
Gebunden, 320 Seiten
Bestell-Nr. 657 387